मैं विरल हूँ

अभिषेक श्रीवास्तव

"विरल"

[First published by ETERNAL BLUE-SKY PUBLICATION in 2022]
ETERNAL BLUE SKY PUBLICATION & its logo are the
Registered Under MSME.
Email id eternalblueskypublication@gmail.com
Instagram id @eternalblueskypublication

Language : HINDI

Copyright – ABHISHEK SRIVASTAVA

Price – ₹150

No. of Pages – 61

Interior and Cover design by Abhinav Patel

COPYRIGHT©

[All rights reserved 2022]

या कुन्देन्दुतुषारहारधवला या शुभ्रवस्त्रावृता
या वीणावरदण्डमण्डितकरा या श्वेतपद्मासना।
या ब्रह्माच्युत शंकरप्रभृतिभिर्देवैः सदा वन्दिता
सा मां पातु सरस्वती भगवती निःशेषजाड्यापहा ।।1।।

शुक्लां ब्रह्मविचार सार परमामाद्यां जगद्व्यापिनीं
वीणा-पुस्तक-धारिणीमभयदां जाड्याकारापहाम्।
हस्ते स्फटिकमालिकां विदधतीं पद्मासने संस्थिताम्
वन्दे तां परमेश्वरीं भगवतीं बुद्धिप्रदां शारदाम्।।2।।

भूमिका

सर्वप्रथम आपका आभार जो आपने मेरी रचनाओं , ख्यालों और पंक्तियों को इतना प्यार दिया ।

किसी भी पुस्तक की सार्थकता उसको पढ़ने वाले पाठकों पर निर्भर होती है । मेरी पुस्तक का शीर्षक है " मैं विरल हूं" ।

निश्चित तौर पर आपके मन में यह प्रश्न उठ रहा होगा कि इस पुस्तक का ये नाम क्यूँ रखा गया है?

विरल महज एक शीर्षक नही बल्कि एक व्यक्ति है जिसकी जिंदगी में अधूरेपन ने जगह बना रखी थी और इस कमी को शब्दों के माध्यम से व्यक्त करना उसे बेहतर लगा । फिर उसकी कलम ने अंदर की भावनाओं को कागज पर उतारना शुरू कर दिया । और इस पुस्तक का नाम "मैं विरल हूँ" रख दिया गया । ' विरल अर्थात शून्य '

हमारे जीवन में हम शून्य से ही सब कुछ शुरू करते है और अनंत तक पहुँचते हैं। उस गंतव्य तक पहुँचने में कितना संघर्ष किया गया होगा ,ये केवल संघर्ष कर रहा व्यक्ति ही समझ सकता है । मैंने जीवन के प्रारंभ से ही संघर्ष का हाथ पकड़ लिया और आज भी उसी का हाथ पकड़े हुए हूँ । इस पुस्तक में मेरे जीवन से जुड़ी हुई कई बातें है साथ ही मेरे जीवन से जुड़े लोगों के भी उतार – चढ़ाव को लिखने की कोशिश मेरे द्वारा की गई है। हमारे जीवन मे प्रेम का आकार क्या है? जिंदगी में आने – जाने वाले लोगों का रवैया इत्यादि का संकलन इस पुस्तक में है ।

उम्मीद करता हूँ इस पुस्तक में आपको बहुत कुछ अपने जीवन से भी मिलता – जुलता मिलेगा । इस पुस्तक में जीवन के हर रंग आपको मिलेंगे । यह मेरी पहली काव्य संग्रह प्रकाशित हो रही है ,जिसमें कई विधाएं शामिल हैं । यदि कोई कमी रह जाये तो उसे भूल समझ कर माफ करते हुए पंक्तियों का आनंद उठाये ।

प्रबुद्ध सौरभ

शायर / गीतकार

नई पीढ़ी ने कविता के शब्द रथ को खींचने का दम खम भर लिया है। 2000 के दशक में मिलेनियल संचार माध्यमों के उहापोह में कविता के लिए थोड़ा कठिन समय रहा लेकिन सूरज भी कब तक बादलों की ओट में रहेगा? ख़ुशी होती है जब कम उम्र में मन से लिखने वालों को पढ़ने का मौक़ा मिलता है, साथ ही गर्व का भी आभास होता है कि कविता का आने वाला कल इस पीढ़ी के हाथ में है। अभिषेक श्रीवास्तव विरल को उनके कविता संकलन के लिए शुभकामनाएँ। वे इसी तरह सफलताओं के शिखर को छूते रहें और साहित्य के रथ के सह-सारथी बने रहें।

अभय निर्भीक

ओजस्वी कवि

प्रतिभावान रचनाकार प्रिय अनुज अभिषेक श्रीवास्तव 'विरल' की प्रथम कृति 'मैं विरल हूँ' के प्रकाशन की हार्दिक बधाई एवं शुभकामनाएं।

हिन्दी साहित्य के प्रति उनके समर्पण भाव को देखते हुए यह कहा जा सकता है कि आने वाले समय में अभिषेक हिन्दी साहित्याकाश के दैदीप्यमान सितारा बनकर स्थापित होंगे।

पद्मिनी शर्मा
प्रख्यात कवयित्री

अभिषेक श्रीवास्तव मेरे छोटे भाई हैं।उन्हें उनकी पहली किताब की बहुत –
बहुत शुभकामनाएँ1 उनकी कविताओं की उड़ान सफलताओं के आकाश छुए
यही दुआ करती हूँ

वीणा शर्मा 'सागर'
प्रख्यात कवयित्री
जयपुर ,राजस्थान

किसी भी व्यक्ति से जुड़ने के लिये उस तक अपने भाव और विचार पहुंचाना आवश्यक है , हम किसी से भाव और विचार के माध्यम से ही जुड़ पाते हैं प्रभावित हो पाते हैं। मां वाणी ने आपके हाथ में लेखनी देकर कृपा की है क्योंकि आप सरल व्यक्तित्व के व्यक्ति हैं और सरलता से अपनी बात पहुंचाना आपको अच्छी तरह से आता है । व्यक्ति के स्वभाव में तरलता और सरलता का बहुत बड़ा स्थान है अत्यन्त आवश्यक हैं ये गुण जो आपमे हैं ।

पुस्तक का शीर्षक अति महत्वपूर्ण होता है और है भी ' शून्य ' आरम्भ का भी प्रतीक है और अंत का भी , शून्य सृष्टि का गर्भ है, केंद्र बिन्दु है ।
ईश्वर आपकी सफ़लता का आरम्भ करे इस विरल को अनन्त शुभकामनाएं आपको

प्राची चतुर्वेदी रंधावा
संस्थापिका – सृजनी
वैंकुवर, कनाडा

"मैं विरल हूँ " – पुस्तक का यह शीर्षक सुन कर ही मन में उत्सुकता जाग उठती है, और जब लेखक एक युवा कवि हो – तो गर्व होता है की भारत की संस्कृति शश्क्त हाथो में सुरक्षित है। मुझे पूर्ण विश्वास है की इतनी कम उम्र में इतनी गहरी सोच रखने वाले अभिषेक भविष्य में भारतीय साहित्य उत्थान में एक ज़रूरी भाग निभाएंगे। अभिषेक न केवल एक हास्य – व्यंग्य , वीर रस , श्रृंगार रस के कवि है, बल्कि साहित्यिक अनुभूति के संस्थापक के रूप में भी हिंदी और उर्दू की सेवा में कार्यरत है। मेरी प्रार्थना है की आप सदा विरल रहे और इस विरल को भरने की कोशिश में हम सभी को आपकी रचनाये सदा पढ़ने को मिलती रहे।

मैं विरल हूँ

मैं तुम्हारे प्रश्न का ही एक हल हूँ
तुम अनन्तों तक हो मैं केवल विरल हूँ
तुम गणित के प्रश्न के जैसी कठिन हो
मैं जवाबो सा सरल हूँ मैं विरल हूँ

दिन गुजरता है गुजरती रात जैसी
जिंदगी में तुम तो हो अनुपात जैसी
मैं तुम्हारा गुणज होना चाहता हूँ
रह लो मेरे साथ दो के घात जैसी

शेष हो तुम मैं तुम्हारा शेषफल हूँ
तुम अनन्तों तक हो मैं केवल विरल हूँ

मेरे मन में भावना की आवृत्ति हो
तुम भुजाओं से घिरी एक आकृति हो
वृत्त सा मैं तेरे चक्कर काटता हूँ
परिधि पर आऊं जो तेरी स्वीकृति हो

पृष्ठ हो तुम मैं तुम्हारा पृष्ठफल हूँ
तुम अनन्तों तक हो मैं केवल विरल हूँ

मोहब्बत नही डसेगी

अगर हो जाये तुमको प्यार
तो करना खुलकर तुम इजहार
मोहब्बत नही डसेगी –2

भुला देना न अपने यार
भूलना मत अपना किरदार
मोहब्बत नही डसेगी –2

पहले थोड़ा इतराएगी
फिर थोड़ा सा शर्माएगी
वो प्यार तुम्हें करती होगी
पर कुछ दिन बाद बताएगी

सबर कर लेना मेरे यार
ना करना बार–बार इजहार
मोहब्बत नही डसेगी –2

जब वो तेरी बन जाएगी
हर तन्हाई मिट जाएगी
सरदर्द भी गायब कर देगी
ऐसे जुल्फें सुलझाएगी

जो बनकर तुम उसकी पतवार
करोगे इस नैया को पार
मोहब्बत नही डसेगी –2

जब बात घरों तक जाएगी
दुनियां पीछे पड़ जाएगी
तुम प्यार–प्यार समझाओगे
वो ऊंच – नीच समझायेगी

बने चाहें कोई दीवार तो
रहना तुम सब भी तैयार
मोहब्बत नही डसेगी –2

हर लड़की गलत नहीं होती
कुछ अफवाहें भी होती हैं
सब राधे माँ ही नहीं होती
कुछ माँ सीता भी होती है

ये है बिकने वाला अखबार
भरोसा   रखना बरखुरदार
मोहब्बत नही डसेगी –2

मैं प्यार नही कर सकता हूँ
(हास्य – व्यंग्य)

मैं शब्द वंश का दीपक हूँ
तुम मद में लिपटी ज्वाला हो
मैं मिनरल वाटर जैसा हूँ
तुम तो पूरी मधुशाला हो
तुम तो स्वभाव से चंचल हो
मैं लड़का भोला-भाला हूँ
तुम रैप – वैप सुनने वाली
मैं कविता कहने वाला हूँ

मैं तुम पर कई जन्म वाला
अधिकार नही कर सकता हूँ

तुम मुझको करना माफ तुम्हे
मैं प्यार नही कर सकता हूँ

तुम कार-वार की आदी हो
मैं ट्रैन से चलने वाला हूँ
तुम कैफ़े –वैफे जाती हो
मैं ठेला –ठूली वाला हूं
तुम हुक्के के फ्लेवर जैसी
मैं हाइकोर्ट का ताला हूँ
तुम सरकारी वेकैंसी हो

मैं लड़का जनरल वाला हूँ

मैं   तेरे बड़े - बड़े सपने
साकार नही कर सकता हूँ
तुम मुझको करना माफ तुम्हे
मैं प्यार नही कर सकता हूँ

तुम केस बनो तगड़ा वाला
मैं   बैरिएस्टर बन जाऊं
तुम बन जाओ प्रदेश कोई
मैं चीफ मिनिस्टर बन जाऊं
तुम बन जाओ केजरीवाल
मैं जंतर - मंतर बन जाऊं
तुम राजी होकर बनो मिसेज
मैं भी फिर मिस्टर बन जाऊं

मैं किसी से भी लव यू वाला
व्यापार नही कर सकता हूँ
तुम मुझको करना माफ तुम्हे
मैं प्यार नही कर सकता हूँ

तुम नए साल की रात हो
मैं हूँ साल वही पिछला वाला

तुम   कोरोना की वैक्सीन

मैं मास्क डेढ़ रुपया वाला

तुम मंत्री जी की बेटी हो
मैं मुख्य मंत्री का साला
तुम यूपी के जुमलों जैसी
मैं यूपी का टोटी वाला

मैं राजनीति में फंस खुद को
बेकार नही कर सकता हूँ
तुम मुझको करना माफ प्रिये
मैं प्यार नही कर सकता हूँ

तुम मारकेट की रौनक हो
मैं मारकेट की मंदी हूँ

तुम कारागार की जेलर हो
मैं उसी जेल में बंदी हूँ

तुम नई करेंसी के जैसी
मैं मोदी की नोटबन्दी हूँ

तुम जिन-जिन से बतियाती हो
मैं उन सब का प्रतिद्वन्दी हूँ

मैं इन चक्कर मे पड़ खुद को

लाचार नही कर सकता हूँ
तुम मुझको करना माफ तुम्हे
मैं प्यार नही कर सकता हूँ

मैं पतंजलि का ग्राहक हूँ
तुम चाइना का सामान प्रिये

मैं हूँ संशोधित किसान बिल
तुम गन्ने का भुकतान प्रिये

मैं पढ़ा लिखा बेरोजगार
तुम ऑनलाइन चालान प्रिये

मैं राहुल की एक बंद आंख
तुम मोदी की मुस्कान प्रिये

मैं अपनी करी हुई गलती
दो बार नही कर सकता हूँ
तुम मुझको करना माफ प्रिये
मैं प्यार नहीं कर सकता हूं

तुम तो हो बिंदु के जैसी
मैं सीधी साधी लाइन हूँ

तुम कड़ी-कड़ी हो नोट और

मैं इक रुपया का क्वाइन हूँ

तुम मना रही वैलेंटाइन
मैं घर में कोरंटाइन हूँ

तुम पार्क-वार्क में मत घूमो
मैं बजरंग दल से जॉइन हूँ

मैं चौदह फरवरी वाला ये
त्यौहार नही कर सकता हूँ
तुम मुझको करना माफ प्रिये
मैं प्यार नही कर सकता हूँ

आंखों ही आंख में

मिल न सका पर उनसे मुलाकात हो गयी
आंखों ही आंखों में बहुत सी बात हो गई

सब देख रहे थे दूल्हे – दुल्हन को साथ में
मेरी नजर लगी हुई थी उसकी ताक में
अजी उसकी ताक में हाय उसकी ताक में
जब वो दिखी दिलकश ये कायनात हो गई
आंखों ही आंख में बहुत सी बात हो गई

उनसे नजर मिली जिगर के पार हो गई
हम दोनों की आंखों में भी तकरार हो गई
उसने ना झुकाई और ना मेरी झुकी नजर
धड़कन मेरी बढ़कर के सुपर फास्ट हो गई
आंखों ही आंख में बहुत सी बात हो गई

कहीं रोक ना ले मेरी नजर रात भर उसे
जाते हुए उसने मुझे मुड़ कर नहीं देखा
महफिल में विरल यूं तो बहुत लोग हंसी थे
हमने सिवाय उसके किसी को नहीं देखा

इतने दिनों के बाद उसे देख यूं लगा
जैसे कि कई बोतलें एक साथ हो गई
आंखों ही आंख में बहुत सी बात हो गई

टूटा नही कदापि

टूटा नहीं कदापि यद्यपि छला गया हूं
यूँ ही नही गिरा बेशक ढकेला गया हूँ

अनपढ़ ही रहे होंगे जो मुझको न पढ़ सके
उतना बुरा नही था जितना लिखा गया हूँ

वर्षों के रिश्ते टूटे नोटो की बात आई
जब दो मुँहे बनाये मुखौटों की बात आई
सब शान्त ही खड़े थे हमने ही गिना डाले
महफिल में ज ब हमारे चोटों की बात आई
अब जिस्म के अलावां कुछ भी बचा नही है
दुनियां से मैं तुम्हारी कब का चला गया हूँ

अनपढ़ ही रहे होंगे जो मुझको न पढ़ सके
उतना बुरा नही था जितना लिखा गया हूँ

तुमने वही सुना है औरों ने जो बताया
एक पहलू पढ़ आखिर सच कौन जान पाया
न कृतघ्न हवा थी न बारिशों की साज़िश
मैं ही गलत था जलता लेकर चिराग आया
खुद ही जला रहा था हर एक ख्वाब अपने
वो ये समझ रहा था बातों में आ गया हूँ

अनपढ़ ही रहे होंगे जो मुझको न पढ़ सकें
उतना बुरा नही था जितना लिखा गया हूँ

एक जोरदार बारिश सब चेहरे धुल गए
जो अब तलक छुपे थे वो राज खुल गए
जिन दोस्तों की खातिर मैंने बनाये दुश्मन
मैं रह गया अकेला वो लोग मिल गए

जलसों ने कब सुनी है खामोशियां लबों की
तन्हाइयो में अक्सर ज्यादा सुना गया हूँ

अनपढ़ ही रहे होंगे जो मुझको न पढ़ सके
उतना बुरा नही था जितना लिखा गया हूँ

आँशुवों को समझ लेना पानी

बहुत वक़्त से एक अधूरी कहानी
दिए जा रहा हूं तुम्हें यह निशानी
कभी जो समझना तो कर देना पूरी
या आंसुओं को समझ लेना पानी

भले एक तरफ़ जगी होगी ख्वाहिश
खता उसमें कुछ तो तुम्हारी भी होगी
अकेला ही क्यों दर्द सहता फिरूँ मैं
सजा इसकी कुछ तो तुम्हें भी मिलेगी

मिली जिस वकत तुम ये हालात मेरे
आंखों में आंसू था बारिश का पानी
बहुत वक्त से एक अधूरी कहानी

मैं उस मोड़ पर था जहां था संभलना
तुम्हें भूल बैठा था रास्ता बदलना
कभी भूल से जो तुम्हें याद आऊं
तो आंखों से अपनी गिरा लेना झरना

मेरे रास्ते का सफर था सुहाना
मेरे जिंदगी की ये अंतिम कहानी
कभी जो समझना तो कर देना पूरी
या आंसुओं को समझ लेना पानी

मैं पागल कवि हूँ

सुनो बात मेरी पढ़ो बात मेरी
समझ जो सको तो कहो बात मेरी
यही मैं लिखूंगा यही मैं कहूंगा
मैं पागल कवि हूं मैं पागल कवि हूं

मेरे शब्द कविता मेरी बात कविता
ये दिन मेरे कविता मेरी रात कविता
मैं लिखता जाऊं पल-पल की बातें
कलम मेरी कविता मेरे हाथ कविता

कविता की दुनिया का मैं ही रवि हूं
मैं पागल कवि हूं मैं पागल कवि हूँ

मेरे गीत में सिर्फ उनकी ही शिरकत
उन्हीं की चाहत उन्हीं की मोहब्बत
समझ जो सके ना मेरी भावना को
तो तुमको लगेगा कि हूं मैं मुसीबत

मैं सच कह रहा हूं उसी की छवि हूं
मैं पागल कवि हूं मैं पागल कवि हूं

यूं किसी मोड़ पर मिल जाओ तुम

यूं किसी मोड़ पर मुझको मिल जाओ तुम
मैं समझ लूंगा पूरी दुआ हो गई
ख्वाब में ही तुम्हें देख लेता मगर
आंख खोले हुए ही सुबह हो गई

मन का दीपक कभी भी बुझा ही नहीं
फिर भी अंधियारा दिल का मिटा ही नहीं
यूं तो रौशनियाँ चेहरे पे आई मगर
धुंध आंखों से मेरी छटा ही नहीं
देख कर तुमको जुल्फें सँवारे सभी
ऐसे जैसे कि तुम आईना हो गई

यूं किसी मोड़ पर मुझको मिल जाओ तुम
मैं समझ लूंगा पूरी दुआ हो गई

उम्र भर मैं तुम्हें चाहता ही रहा
पर कभी भी ये तुमसे जता ना सका
एक तारीख तुम ही मुकर्रर करो
कह दूं वो सब कभी जो बता ना सका
ये मेरे प्यार का ही असर तो हुआ
इतनी गाढ़ी तुम्हारी हिना हो गई

यूं किसी मोड़ पर मुझको मिल जाओ तुम
मैं समझ लूंगा पूरी दुआ हो गई

मोहब्बत करें तो कैसे?

फूल खुशबू से बगावत भी करें तो कैसे
उस की भवरों से हिफाजत भी करें तो कैसे
वो तो ये चाहते हैं हम भी छुप छुप के मिले
यार ऐसे में मोहब्बत भी करें तो कैसे

हमारी आंख में मौजूद जिसकी सूरत है
वो इस जहां में सबसे ज्यादा खूबसूरत है
रचाये हाथ में मेहंदी सजी है दुल्हन सी
मैं कैसे कह दूं मुझको भी तेरी जरूरत है

जुदा किया अगर हमें तो मिलाया भी था
हम उस खुदा से शिकायत भी करें तो कैसे
यार ऐसे में मोहब्बत भी करें तो कैसे

तुम्हारे साथ चला था जो जानिबे मंजिल
वो लौटता भी अकेला तो लौटता कैसे
भूल बैठा था हां सब कुछ सिवाय उसके जो
वो ढूंढता भी अपना घर तो ढूंढता कैसे

जिससे टूट कर इस तरह मोहब्बत की हो
आज हम उससे ये नफरत भी करें तो कैसे
यार ऐसे में मोहब्बत भी करें तो कैसे

ग़ज़ल

उसने दिल तोड़ दिया मेरा बड़ी मोहब्बत से
जिससे कर ते थे मोहब्बत बड़ी मोहब्बत से

चूमकर हाथ मेरे सर को गोद में रखकर
रात भर उसने जगाया बड़ी मोहब्बत से

रहोगी साथ हमेशा ये कहा था कि नही
तुमने वादे भी भुलाए बड़ी मोहब्बत से

मेरे हमशाये हमनाम से मोहब्बत कर
क़त्ल उसने किया मेरा बड़ी मोहब्बत से

सब ने कल पूछ लिया किसने बेवफाई की
नाम उसने लिया मेरा बड़ी मोहब्बत से

बेवफाई के दौर में भी इश्क़ कर हमने
इतनी तकलीफ उठाई बड़ी मोहब्बत से

दर्द अपने सुना रहा था भरी महफ़िल में
सबने फिर ताली बजायी बड़ी मोहब्बत से

खुदगर्ज़ रिश्ते

धोखा मिला , रिश्तों पे ऐतबार बहुत था
उनसे मिला , जिनसे की मुझे प्यार बहुत था

आंखों से बून्द – बून्द , नफरते छलक पड़ी
मुझ पर किया जो वार ,जोरदार बहुत था

असफल ही रह गया , सबका साथ देते देते
वो हो गया सफल , जो चाटुकार बहुत था

बर्बाद हो गए मगर तलवे नही चाटे
जैसा   भी था मगर मैं खुद्दार बहुत था

मुश्किल पड़ी तो सबने किनारा पकड़ लिया
वैसे शहर   में मेरा व्यवहार   बहुत था

मेरे दोस्त ही खड़े थे समर में खिलाफ मेरे
मुझपर   भी दोस्ती का खुमार बहुत था

आंखों में हो हया तेरे होंटो पे हो मुस्कान
मेरे लिए तो इतना ही सृंगार बहुत था

उसने भी अंत में मुझे तन्हा ही कर दिया
जिसके लिए विरल मैं वफादार बहुत था

ग़ज़ल

थोड़ा लिखा ज्यादा लिखना छोड़ दिया
इश्क़ हुआ तो पढ़ना लिखना छोड़ दिया

पहले दिन भर उस पर लिखा करता था
और फिर मैंने उस पर लिखना छोड़ दिया

वो लड़की भी मुझ पर कितना मरती थी
मैं रूठा तो खाना – वाना छोड़ दिया

उस के बाद भी उस पर गजलें जारी थी
बस गजलों में मतला कहना छोड़ दिया

सारी दुनियां मुझको पागल कहती है
जब से उसने पागल कहना छोड़ दिया

जबसे उस लड़की से धोखा खाये है
तब से हमने चेहरे पढ़ना छोड़ दिया

वो क्या जाने दीवाने पर क्या गुजरी
उसने तो बस बातें करना छोड़ दिया

ग़ज़ल

हर दर्द को हम शब्द में ढाले नहीं होते
हमको यहां पहचानने वाले नहीं होते

अपनों की परायों की परख ही नहीं होती
बादल मेरे आँगन के जो काले नहीं होते

हमको जहां से इतनी शिकायत नहीं होती
सब से वफा का रोग जो पाले नहीं होते

चढ़ता नहीं कोई भी मंदिरों की सीढ़ियां
गर बंद किस्मतों पे ये ताले नहीं होते

है बरकरार बेटियों से घर की रौनकें
गर ये न हो तो घर में उजाले नहीं होते

मुझे विरल जहां में ये शोहरत नहीं मिलती
गर पांव के नीचे मेरे छाले नहीं होते

युवा नेता का इश्क़

अगर कर सको तो जैसा हूँ वैसे मुझको अपना लो
यार मोहब्बत में खुद को अपडेट नही कर सकता हूँ

डेट हमारी होती है सब कोर्ट – कचहरी थानों में
यार तुम्हारे साथ मैं कोई डेट नही कर सकता हूँ

रैप रीमिक्स थिएटर वाली डिजिटल दुनियां में
यार भाषणों से मैं तुमको फ्लैट नही कर सकता हूँ

खुलेआम सड़को पर घूमो साथ तुम्हारे कैफ़े जाऊं
यार मैं मेरी छवि को मटियामेट नही कर सकता हूँ

ग़ज़ल

कुछ राहें अपने ही अंदर एक कहानी होती है
उन राहों पर अक्सर आंखें पानी पानी होती है

जिस खिड़की को आते जाते हसरत से तकता था
उस खिड़की पर अब भी मेरी आंखें जानी होती है

इतराती और ठुकरा देती गर मैं जाहिर कर देता
हां फिर दिल की कुछ बातें दिल में छुपानी होती है

तुमको हमसे मोहब्बत है तो आकर इजहार करो
हाल-ए-दिल ,दिल में रख लेना बेईमानी होती है

इतना भी आसान नहीं है शौहर – वौहर बन पाना
उससे पहले दुनिया भर की रस्में निभानी होती है

तुमको लगता है कि शायर बन जाना आसान यहां
तुम क्या जानो इसमें कितनी चोटें खानी होती है

सिर्फ मुझसे मोहब्बत करो

देखकर हमको नज़रे न फेरो
मुझसे ऐसे ना नफरत करो तुम
पास आकर जरा देर बैठो
सिर्फ मुझसे मोहब्बत करो तुम

बात क्यों इस तरह कर रही हो
जैसे कितने सितम ढ़ा दिए हो
थोड़ी तारीफ भी मेरी कर दो
इतनी भी ना शिकायत करो तुम

पास आकर जरा देर बैठो
सिर्फ मुझसे मोहब्बत करो तुम

तोड़कर फेंक दो फोन अपना
दौर कर दो शुरू चिट्ठियों का
एक खत मुझपे लिखकर अपने
नाम का नीचे दस्खत करो तुम

पास आकर जरा देर बैठो
सिर्फ मुझसे मोहब्बत करो तुम

एक हसरत लिए दिल ही दिल में
रात भर जागता ही रहा मैं

हो सके एक दफा ही सही पर
ओर मेरी भी करवट करो तुम

पास आकर जरा देर बैठो
सिर्फ मुझसे मोहब्बत करो तुम

दिल दुखाओ ना ऐसे हमारा
बात इतनी विरल की भी सुन लो
हम तुम्ही से मोहब्बत करेंगे
चाहे जितनी भी नफरत करो तुम

पास आकर जरा देर बैठो
सिर्फ मुझसे मोहब्बत करो तुम

ग़ज़ल

होके बे – आबरू महफिल से चले जाएंगे
हम। तो जुगनू हैं अंधेरों में नजर आएंगे

तेरे   अंदाज-ए-करम उस पे ये इतराना तेरा
है अभी आंख में दिल में भी उतर जाएंगे

है तबस्सुम की कसम अब ना रोको हमको
उनको देखेंगे तो हम हद से गुजर जाएंगे

तुम मुसीबत में जो होना आवाज दे देना
अपना सब छोड़ तेरे पास चले आएंगे

तूने दी ना तवज्जो मेरे अश्क-ए-गम को
ऐसे तड़पाओगे हम सच में ही मर जाएंगे

खबर ही ना थी कि हालत यूँ तबाह होगी
ये सोचता था तेरे साथ संवर जाएंगे

अच्छी लगी

मुझको तेरी बातें अच्छी लगी
उन दिनों वो मुलाकातें अच्छी   लगी

इश्क में पड़ जाना यूं ही नहीं हुआ
नकाब में तेरी आंखें अच्छी   लगी

इजहार-ए-इश्क़ करना ताजमहल देकर
हाय ! तेरी। ये अदाएं अच्छी लगी

मजहबी जंग में इश्क मुकम्मल ना हुआ
दुनिया भर की ये बाधाएं अच्छी लगी

रुखसती से पहले मेरा हाल पूछना
उफ!तेरी फिक्र और वफाएं अच्छी लगी

अच्छा है

कुछ सवाल उलझे ही रहे तो अच्छा है
कुछ लोग न हीं मिले तो अच्छा है

गलत फहमियां टूट जाने से बेहतर
ये यूं ही बनी रहे तो अच्छा है

जी अब भी चाहता है तेरी गली से गुजरुं
पर तेरा घर ना ही मिले तो अच्छा है

रकीब है कोई ,मुझसे छुपाना चाहती है
मुझे पता न ही चले तो अच्छा है

मैं भी खत्म कर दूं ये जबरदस्ती के रिश्ते
पर वो खुद से खत्म कर ले तो अच्छा है

बेवफाई के दौर में अच्छी तालीम वाले
किसी से इश्क़ न ही करें तो अच्छा है

ग़ज़ल

अगला – पिछला हिसाब कर दूंगा
तेरी   हालत खराब कर दूंगा

जाम पीने की मुझे यार जरूरत ही नही
तेरी   आंखे   शराब कर दूंगा

मैं बनके भौंरा तेरे पास ही मडराउंगा
मैं मेरे यार तुझे एक गुलाब कर दूंगा

सदन के सामने धरने पे बैठ जाऊंगा
नहीं मिलोगी जान इंक़लाब कर दूंगा

मतलबी दोस्त

दोस्त तो बदल लोगे वो साथ कहाँ पाओगे
ठोकर पर संभाल ले वो हाथ कहाँ पाओगे
एक ख्वाब की उम्मीद में नींद से दगा कर रहे हो
आंख खुलने पर पुरानी वो   रात कहाँ पाओगे

मैंने तो सीख लिया जिंदगी जीने का सलीका
दर्द छुपा कर   मुस्कुराने का तरीका
और यकीन ने   यकीनन मुझसे   कहा
विरल अब यकीन मत करना किसी का

मतलबी दुनिया में बे मतलब मिलने वाली
अब   वो   सारी मुलाक़ात कहाँ पाओगे

दोस्त तो बदल लोगे वो साथ कहाँ पाओगे
ठोकरों पर संभाल ले वो हाथ कहाँ पाओगे

बेखौफ एक रात में बेफिक्र होकर घूमना
तेरे दुख में मेरी उदासी और खुशी में झूमना
तेरे हर एक दुश्मन से बगावत कर लेना
तू आग को पानी कह दे तो उस आग में कूदना

चकाचौंध दुनियां में मुझ जैसी बात कहाँ पाओगे
दोस्त तो बदल लोगे वो साथ कहाँ पाओगे
ठोकरों। पर संभाल ले वो हाथ कहाँ पाओगे

कोई झुकता है आपके सामने वो कमजोर नही है
टूटा है तोड़ने वाला अपना है कोई और नही है
और वो मुझे हराकर इसे अपनी जीत समझता है
बच्चा है वो अभी पूरी तरह से मैच्योर नही है

ख्याल तो ठीक है वो ख्यालात कहाँ पाओगे
दोस्त तो बदल लोगे वो साथ कहाँ पाओगे
ठोकरों पर संभाल ले वो हाथ कहाँ पाओगे

जरूरी नही

मैं उसे चाहता हूं ये सच है मगर
हो उसे भी मोहब्बत जरूरी नही
रात भर जो जगे जुगनुवो की तरह
वो मोहब्बत में हो ये जरूरी नही

मैं उसे चाहता हूं ये सच है मगर.....

मैंने हर गीत उस पर लिखे हैं मगर
वो मुझे गुनगुनाये   जरूरी नही
सामने उस के घर से मैं गुजरूं मगर
छत पे आ जाये वो ये जरूरी नही

मैं उसे चाहता हूं ये सच है मगर......

आंख उसकी भी नम थी सही है मगर
वो गले से लगाये जरूरी   नही
इश्क़ में एक दफा चोट खाये हो पर
चोट फिर से मिले ये जरूरी नही

मैं उसे चाहता हूं ये सच है मगर......

दोस्त हो या मोहब्बत हो या हो वफ़ा
जिंदगी भर निभाये जरूरी   नही
उसके दिल में बस एक आशियाँ हो मेरा

सात फेरे लगाए जरुरी नही
मैं उसे चाहता हूं ये सच है मगर......

बचपन

बचपन   की   किलकारी
जब   सारी दुनियां हारी
अब   बोझ   उठाये फिरता
तन भारी   मन   भारी

वो बचपन की निश्छलता
माँ के आंचल की ममता
वो   आंगन और खिलौने
सब कुछ मनमर्ज़ी चलता
अब अति कठिन है जीवन
पग-पग मिलती असफलता
अब संघर्षो के सांचे में
तन जलता मन जलता
बचपन   के सारे सपने
बिखरे   है बारी – बारी
अब बोझ उठाये फिरता
तन भारी   मन। भारी

जितने भी थे घात लगाए

जितने भी थे घात लगाए वो सब बारी – बारी निकले
जिस जिस को अपना समझा वो सब के सब दो धारी निकले

जिस जिस का भी साथ दिया वो सब तो कारोबारी निकले
जिस पर भी विश्वास किया उनके वादे सरकारी निकले

जिस जिस से उम्मीद लगाई वो सब विष के प्याले निकले
बाहर से सब चमक रहे थे अंदर से सब काले निकले

जिस – जिस को हमने सिखलाया ढंग बात कैसे करते हैं
वो सब   दुनिया भर में मेरे शब्द बेचने वाले निकले
बाहर से सब चमक रहे थे अंदर से सब काले निकले

जिस–जिस को भी अपना कहकर मैं रिश्तो को बचा रहा था
आज वही मेरे रिश्तों में जहर घोलने वाले निकले
बाहर से सब चमक रहे थे अंदर से सब काले निकले

भाई कहकर जिसको अपना सर्वस्व न्योंछावर कर डाला
वो सब के सब पीठ के पीछे खंजर भोंकने वाले निकले
बाहर से सब चमक रहे थे अंदर से सब काले निकले

मिडिल क्लास लड़का

पॉकेट मनी से हमारा कोई वास्ता नही होता
लाइफ टाइम हमारे सामने कोई रास्ता नही होता
हमे जहां जगह मिल जाए बैठकर खा लेते है
डाइनिंग टेबल पर हमारा डिनर नास्ता नही होता

रिस्तेदारी से दूर पर दोस्ती में जां लुटाने वाले है
हम बड़े आदमी तो नही पर बड़े दिल वाले है

।। क्योंकि भैया हम मिडिल क्लास वाले है।।

गर्मी की छुट्टियां नानी के घर का प्रोग्राम होते है
अगल – बगल के मंदिर ही हमारे लिए धाम होते है
त्यौहार और जन्मदिन पर नए कपड़े मिल जाते है
ये हमारे सालभर के कार्यक्रमो का इंतजाम होते है
भाई बहन में कभी बन ही नही सकती
झगड़े हमारे घर मे सुबह शाम होते है
नौकरियां आसानी से मिलनी नही है
फिर भी वेकैंसी के सारे फॉर्म डाले है

।। क्योंकि भैया हम मिडिल क्लास वाले है।।

प्रेमिका तो हमें मिलती नही है
मिल भी जाये तो टिकती नही है

टिक भी जाये तो शादी होनी नही है
क्यों की फरमाइशें संभलती नही है
ट्राय अगेन ट्राय अगेन में हम माहिर होते है
महीनेभर से ज्यादा कोई रिलेशन चलती नही है
हमे पता है कि हमसे ये होना नही है
फिर भी बेवजह का रोग हम पाले है

।। क्योंकि भैया हम मिडिल क्लास वाले है।।

हम न अमीरों में है न गरीबो में आते है
हम बीच में ही उलझ कर रह जाते है
मजबूरियों परेशानियों में तो रहते है
पर सब कुछ खामोशी से सह जाते है
समाज में जैसे – तैसे मेन्टेन करते है
फिर भी सुविधाओ से वंचित रह जाते है
ख्वाब बहुत देखा करते है जो अक्सर टूटा करते है
सारा जीवन कुछ औ काश के चक्कर में रह जाते है

कुछ ज्यादा तो फ़र्क़ नही है हम में औ उन लोगो में
उनके काले रंग सफेद है हमारे सफेद भी काले है

।। क्योंकि भैया हम मिडिल क्लास वाले है।।

पागलपन है

तूफानों से आंख मिलाना इश्क़-मोहब्बत
दरियाओं से प्यास बुझाना पागलपन है

उस लड़की के पीछे चलना इश्क़-मोहब्बत
उसके पीछे घर तक जाना पागलपन है

उसको महंगे तोहफे देना इश्क़-मोहब्बत
सीने पर टैटू गुदवाना पागलपन है

उसको अपनी जान बताना इश्क़-मोहब्बत
उसकी माँ को सास बताना पागलपन है

झगड़ा करके फोन काटना इश्क़-मोहब्बत
फिर खुद से ही कॉल लगाना पागलपन है

धोखा खाकर चुप हो जाना इश्क़-मोहब्बत
लेकिन फिर से धोखा खाना पागलपन है

शायरी संकलन

खत जो उसने लिखा मुझको छुप के घर परिवार से
और लिखा खत में मैं उसका क्रश हूं कक्षा चार से

संगेमरमर की तुम कोई मूरत नही
इतनी ज्यादा भी तुम खूबसूरत नही
तुझको मेरी जरूरत नही है अगर
मुझको भी तेरी कोई जरूरत नही

मेरे हिस्से की दौलत मिली ही नही
मुझको तेरी मोहब्बत मिली ही नही
ये ब्रेकअप वगैरह तो फिर ठीक था
तेरे शादी की दावत मिली ही नही

तुमपे लिखा बहुत पर सुना न सका
तुम जहां थी वहां तक मैं आ न सका
सारी दुनियां को इसकी खबर लग गयी
एक तुम्ही को मैं कुछ भी बता न सका

एक पल में ही वो क्या से क्या हो गई
बे असर मुझ पे सारी दुआ हो गई
मेरी बनवास सी हो गई जिंदगी
वो किसी और के संग विदा हो गई

प्रेम में स्वार्थ होना नहीं चाहिए
दुख असीमित हो रोना नहीं चाहिए
इससे बढ़कर दुनियां मे कुछ भी नहीं
आत्म सम्मान खोना नहीं चाहिए

चांदनी की तरह तुम चमकते रहो
फूल बनकर के गुलशन में खिलते रहो
है दुआ दे खुदा खूब बरकत तुम्हे
आय दिन यूँ ही आशिक़ बदलते रहो

मैं जमाने की नज़रों से तौला गया
बीच से   ही हमेशा मैं खोला गया
पूरा मुझको कोई जान पाया नही
झूठ ही मेरे बारे में बोला गया

जो प्रणय का हृदय में प्रसारण मिला
आँसुवो पर मेरे तब नियंत्रण मिला
और मेरे होंठ तक कंप कंपाने लगे
होंठ का जब तुम्हारे निमंत्रण मिला

एक बात जो मैंने सबसे छुपा रखी है
तेरी तस्वीर मैंने दिल से लगा रखी है
मेरी मोहब्बत का कुछ तो ख्याल कर
आधी अलमारी तेरे हिस्से की बचा रखी है

घर भर के दुलारे थे दुलारे ही रह गए
हम उनके सहारे थे सहारे ही रह गये
ऐसा नही था हमको लुगाई नही मिली
रहना था कुंवारा सो कुंवारे ही रह गए

एक मोहब्बत भुलाने में
कई रातें लग जाती है
कहीं खामोशी चुभती है
कहीं बातें लग जाती है

इस कहानी का नायक नही हो सका
सब लुटाकर भी लायक नही हो सका
कार्यकर्ता ही बनकर रहा उम्र भर
इस लिए मैं विधायक नही हो सका

मेरे शेर में भले ही काफिया नही मिले
चाहें शायरी पे मुझको तालियां नही मिले
मेरे दोस्त को पत्नी मिले राखी सावंत सी
मुझको भले कटरीना आलिया नही मिले

दोस्ती वही रहती है बस यार बदल लेते हैं
किराया ज्यादा मिले तो किराएदार बदल लेते हैं
और गिरगिट भी उ तना जल्दी रंग नहीं बदलता
जितना जल्दी लोग अपना किरदार बदल लेते हैं

प्यार का खेल बड़ा निराला होता है
एक बेवफा एक टूटकर चाहने वाला होता है
और इश्क उसके बाद जितना मर्जी कर लो
पर पहला वाला पहला वाला होता है

तू खामखां मुझे बातों में उलझाये जा रहा है
जो कुछ भी था वह सब समझ में आ रहा है
अब फिर से तू ले ना नाम किसी रिश्तेदार का
देख तेरा नंबर फिर से बिजी जा रहा है

किस्मत की ये बात नहीं सब अपना अपना वक्त है
लाख समझाने से ना समझे दिल मेरा कमबख्त है
हर कॉल पर यह बात ही सुनने में मेरे आ रही है
आपने जिसे कॉल किया अन्य कॉल पर व्यस्त है

एक पल की भी दूरी अब लगे कि साल जैसी हो
मेरे दिल में तुम्हारी याद एक मिस कॉल जैसी हो
बबिता से दयाबेन से या चाहे जिस किसी से भी
मोहब्बत हो अगर तुमको तो जेठालाल जैसी हो

अंगारों से नंगे पांव गुजरना था
दरियाओं से प्यास बुझानी थी हमने
भरी जवानी इश्क़ मोहब्बत कर बैठे
इसका मतलब जान गवानी थी हमने

वह नजर इधर - उधर करती रही
मेरे हर सवाल पर मुकरती रही
मुझसे कह के कल एग्जाम है उसका
रात भर वो रकीब से बात करती रही

साहिल पर आकर एक तिनका डूब गया
उनसे पूछो सब कुछ जिनका डूब गया
उसकी आँखों की गहराई नापी है
जिस – जिस ने भी देखा बन्दा डूब गया

अभिषेक श्रीवास्तव ने मोहन मुंतजीर को कविता से दिया जवाब

बस्ती। आदाब अर्ज़ है के द्वारा आयोजित कार्यक्रम जिसमे राष्ट्रीय कवि बहुत ही मशहूर शायर, प्रेम को जिन्होंने नई परिभाषा दी, कवि सम्मेलनों में जिन्हें सबसे ज्यादा सुना जाता है ऐसे जनाब मोहन मुंतज़िर साहब उन्ही की पहली किताब फिर किसी से मोहब्बत करेंगे का प्रथम विमोचन बीती शाम लखनऊ में दिया। जिसे मुंतज़िर जी ने बहुत सराहा। बस्ती की ही शाफ़रीन अहमद ने अपनी ग़ज़ल से लोगो की खूब तालियां बटोरी। मंच का संचालन अपर्णा शर्मा ने किया।

बस्ती के अभिषेक ने उत्तर प्रदेश महोत्सव 2020 आदाब अर्ज है में लहराया परचम

अवध नगरी संवाददाता बस्ती। सृजन फाउंडेशन द्वारा कथा मैदान, आशिशाना में आयोजित किये जा रहे पांचवें उत्तर प्रदेश महोत्सव 2020 में 'आदाब अर्ज है' टीम के एक होनहार कवि बस्ती शहर के रहने वाले अभिषेक श्रीवास्तव ने 'मैं उसे चाहता हूँ ये सच है मगर, हो उसे भी मोहब्बत जरूरी नहीं' ग़ज़ल प्रस्तुति की । अभिषेक की कविता 'छोड़कर सब काम भंभा बस मोहब्बत कर रहे है ' को सराहा गया। अभिषेक श्रीवास्तव कवि के साथ साथ भाजपा युवा मोर्चा एवं सामाजिक संस्था चित्राश क्लब में पदाधिकारी भी है। कार्यक्रम में मुख्य अतिथि के रूप में प्रदेश उपाध्यक्ष भाजपा दयाशंकर सिंह ज, अतिथि में कवि अमित हर्ष, कवियत्री शालिनी पांडेय 'सरल', समाज आकाश वेलफेयर फाउंडेशन की अभ्यक्ष श्रीमती मधु तिवारी एवं कवि दुर्गेश शुक्ल 'दुर्ग' उपस्थित रहे। संचालन प्रवीन्द्र ठाकुर ने किया। आदाब अर्ज है के टीम हेड सुदीप सिंह ने बताया कि नई प्रतिभाओं को आगे लाने के लिए आदाब अर्ज द्वारा इस प्रकार के आयोजन निरंतर होते रहते है। संस्था अध्यक्ष डॉ अमित सक्सेना ने बताया कि एंसे सांस्कृतिक कार्यक्रम के माध्यम से हम हमेशा हिंदुस्तान की प्रतिभाओं को मंच देते रहंगे। अभिषेक श्रीवास्तव की सफलता पर चित्राश क्लब बस्ती के अध्यक्ष सत्येन्द्र श्रीवास्तव, राजेश चित्रगुप्त, अनूप खरे, अश्विनी श्रीवास्तव, रवि राज आदि ने प्रसन्नता व्यक्त किया है।

कवि अभय सिंह निर्भीक

कवि विकास भौखल

कवि गजेंद्र प्रियांशु

कवि डा.चारू सिंह

भारत माता का हरगिज सम्मान नहीं खोने देंगे...

जासं, सिद्धार्थनगर : कपिलवस्तु महोत्सव में शनिवार की रात में कुमार विश्वास व अन्य कवियों ने हास्य- व्यंग, देश प्रेम से जुड़ी कविताओं को सुनाकर दर्शकों की वाहवाही लूटी। देर रात तक लोगों ने कलाकार के कविताओं को सुना और उनकी कविताओं को जमकर सराहा। कवियों ने अपने कविता के माध्यम से लोगों को सोचने को मजबूर कर दिया।

कवि अभय सिंह निर्भिक ने देश भक्ति से जुड़ी कविता भारत माता का हरगिज सम्मान नहीं खोने देंगे, अपने पूज्य तिरंगे का अपमान नहीं होने देंगे सुनाकर दर्शकों की खूब वाहवाही लूटी। दर्शकों की तालियों से पूरा पंडाल गूंजायमान रहा। गजेंद्र प्रियांशु जैसे- तैसे उमर बिता ली तेरे प्यार में

कवि अभिषेक विरल

सुनाकर दर्शकों का मन मोह लिया। महिला कवि चारू सिंह ने चंद सिक्के बाजार न हो........ गाकर लोगों को सोचने को मजबूर किया। हास्य कवि विकास भौखल ने सोचने से भाग्य का सितारा बदलता है सुनाया। अभिषेक विरल ने तुम मुझे करना प्यार .... तुम्हे हम प्यार नहीं कर सकते सुनाया। श्रोताओं ने तालियो की गड़गड़ाहट से जोरदार समर्थन किया। देर रात तक चली महफिल में दर्शकों ने जमकर साहित...

ांधी ऐसी समां, गुदगुदी और

विता सुनाती डा.अनामिका जैन

डा.शिवा त्रिपाठी

अभिषेक श्रीवास्तव

...क्त भाव में डूब गया। हिंदी-उर्दू वे सम्मेलन हो या फिर मुशायरा। की चर्चा हर जगह होती है। ...लिकता, कवित्व, चरित्र, सौम्यता, ...क मूल्यों के प्रति उनका समर्पण ...की प्रमुख विशेषता है। अनामिका ...न कवियित्री है। बचपन से ही ...को कविता लिखने एवं बोलने का ...क था। इन्होंने मोहब्बत के सफर ...नया आगाज दे देना....के साथ ही

कवि सम्मेलन

- सुनील जोगी ने अपनी कविताओं के जरिए सबको खूब हंसाया
- अनामिका जैन अंबर की कविता पाठ पर झूम उठे लोग

मन को छू लेने वाली अपनी तमाम चर्चित कविताओं का पाठ किया।

मंच पर बस्ती के विवेकानंद

...जागरण मिश्र, डा.शिवा त्रिपाठी और श्रीवास्तव के साथ ही अमन अक्षर,कानपुर के पांडेय,बाराबंकी के विकास और गुड़गांव की पद्मिनी एक एक से एक कविता की। इस तरह आधी रात कार्यक्रम चलता रहा। इनकी रही उपस्थिति: सां... द्विवेदी,विधायक सीए...

युवा साहित्यकारों ने प्रस्तुति का नया प्लेटफार्म तैयार किया

साहित्यिक अनुभूति चैनल का शुभारंभ

उद्घाटन समारोह में छाए युवा कवि और गायक

युवा रचनाकारों को मुकाम दिलाने में सहायक होगा साहित्यिक अनुभूति

रात आयोजित कवि सम्मेलन में कुमार विश्वास

हिन्दुस्तान

कोई दीवाना कहता है, कोई पागल समझता है... हम हैं देशी जैसी शानदार रचनाएं पेश कर कुमार विश्वास ने श्रोताओं को आधीरात तक बांधे रखा। कुमार के मैं अपने गीत गजलों से उसे पैगाम करता हूं, मैं अपने गांव की एक शाम तुम्हारे नाम करता हूं..., मोहब्बत एक अहसासों की पावन सी कहानी है... जख्म भर जाएंगे तुम मिलो तो सही..., एशिया के हम परिंदे आसमा है

सामने आयोजित तीन दिवसीय कपिलवस्तु महोत्सव की पहली शाम कुमार विश्वास के नाम रही। रात साढ़े नौ बजे शुरू हुआ कवि सम्मेलन आधीरात तक चलता रहा और श्रोता पूरी तरह से जमे रहे।

इस अधूरी जवानी का क्या फायदा, बिन कथानक कहानी का क्या फायदा,

कवि सम्मेलन की शुरुआत युवा कवि अभिषेक विरल की रचना तुम मुझको करना माफ करना प्रिय, मैं प्यार नहीं कर सकता से हुई... इसके बाद आए रचनाओं से श्रोताओं को ख़ूब ठहाके लगवाए। गोरखपुर से आई कवयित्री डॉ.चारू सिंह, गजेंद्र आदि कवियों ने भी काव्यपाठ किया।

हम परिंदे, आसमां है ह

कपिलवस्तु महोत्सव में शनिवार की रात आयोजित कवि सम्मेलन में विकास बौखल, डॉ. चारू सिंह, अभिषेक विरल और अजय सिंह निर्भीक ने समां बांध दिया। ● हिन्दुस्तान

व्यंग्य की रचनाओं से श्रोताओं को ख़ूब ठहाके लगवाए।गोरखपुर से आईं हिला कवयित्री डॉ.चारू सिंह की ना-फूलों का रस निचोड़ कर, शबू बना दिया, सूरज बना दिया, भी जुगनू बना दिया, ख़ूब पसंद की ।गजेंद्र की इतने निर्मोही कैसे सजन गए, आदमी न हुए कालाधन हो गए जैसी राजनीतिक चुटकियों पर तालियों की गड़गड़ाहट से पंडाल गूंजता रहा। अपनी बारी में मंच का शानदार संचालन कर रहे डॉ.कुमार विश्वास ने श्रोताओं की नब्ज पहचानते हुए अपनी एक से बढ़कर एक रचनाएं सुनाईं और ख़ूब वाहवाही लूटी।इस अधूरी जवानी का क्या फायदा, बिन कथानक कहानी

नाम : अभिषेक श्रीवास्तव विरल

कवि , गीतकार

संस्थापक – साहित्यिक अनुभूति

शिक्षा :–स्नातक , बी.एड

जन्म :–१३ जुलाई

अभिरुचि :–अभिनय , काव्य लेखन

संपर्क :–mob . 8787049414

gmail ◆abhisheksrivastava581@gmail.com

Instagram

◆abhishek_srivastava_kavi

श्रीमती पूनम उपाध्याय
प्रवक्ता –हिंदी विभाग
आनंद इंटर कॉलेज बेलहरा ,बस्ती

"मैं विरल हूँ " ये अभिषेक श्रीवास्तव 'विरल

' की पहली पुस्तक है जिसमें उनकी कविताएं ,गजल इत्यादि का संग्रह है । कॉलेज के दिनों में वो मेरे शिष्य के रूप में रहे और कॉलेज के दिनों में ही शायरियां , कविताएं कहने लगे। लोग अभिषेक को सुनना पसंद करते थे। उन दिनों भी वह अपनी रचना को लेकर युवाओं में काफी चर्चित रहते थे। सर्वश्रेष्ठ कवि डॉ कुमार विश्वास जी उनके प्रेरणास्रोत हैं उन्ही की कविताएं सुनकर अभिषेक साहित्य में रुचि लेने लगे और वहीं से शेरो शायरियां करने लगे बस्ती जनपद में लोग उनके अंदाज को देखकर उन्हें "बस्ती का कुमार विश्वास " कहने लगे । धीरे – धीरे तमाम मंचों पर अभिषेक विरल की कविताएं श्रोताओं को

मंत्रमु करने लगी और बहुत ही कम समय में वो युवाओं के बीच लोकप्रिय हो गए । कई साहित्य के कार्यक्रमों में उन्हें बुलाया जाने लगा । मुझे अब भी याद है बस्ती महोत्सव का मंच था उस मंच पर जब संचालक ने अभिषेक का नाम लिया तो हजारों - हजार के जनसमूह में तालियों की आवाज गूंज उठी ,जिसने मंच पर उपस्थित बड़े कवियों को भी अभिषेक विरल की तरफ देखने पर विवश कर दिया । जब अभिषेक विरल ने अपनी रचनाएं सुनाई तो वहां उपस्थित जनसमूह और मंच पर उपस्थित कवियों ने उन्हें खूब सराहा । इसके बाद उन्हें डॉ कुमार विश्वास जी के साथ कपिलवस्तु महोत्सव में अपनी रचना सुनाने का अवसर मिला जहां उन्होंने डॉ कुमार विश्वास जी से खूब वाहवाही लूटी ।

अनामिका जैन अंबर ,सुनील जोगी , अमन अक्षर अभय सिंह निर्भीक जैसे बड़े - बड़े कवियों के साथ मंच साझा करने के बाद अभिषेक की एक अलग पहचान बन गई । इस पहचान के साथ-साथ उन्होंने अपनी जिम्मेदारी समझते हुए साहित्य में रुचि रखने वाले साहित्य प्रेमियों को जो किन्ही कारणवश बाहर जाकर बड़े मंच पर काव्य पाठ नहीं कर पा रहे थे ऐसे छोटे-छोटे उम्र के तमाम युवा कवियों / शायरों को अपने गृह जनपद बस्ती में मंच देने के लिए "साहित्यिक अनुभूति "नाम से एक प्लेटफार्म की शुरुआत कि ,जहां इससे पहले कोई भी इस प्रकार का मंच नहीं था । जिसकी सराहना बस्ती जनपद के साथ और तमाम जिलों में हुई । अभिषेक विरल युवाओं के लोकप्रिय कवि हैं कई युवाओं के प्रेरणा स्रोत हैं कई लोग उनको अपना आदर्श मानते हुए उनकी पंक्तियों को उनकी रचनाओं को देखते हुए लिखने का प्रयास करते हैं ।

उनकी इस पहली पुस्तक के लिए मैं उन्हें हृदय की गहराइयों से आशीर्वाद और स्नेह देती हूं कि वह ऐसे ही आसमान की बुलंदियों को छूते रहें ।

अपने जनपद का और अपने माता-पिता का नाम पूरे देश में रौशन करें ।इन्हीं शुभकामनाओं के साथ मैं इनके उज्जवल भविष्य की कामना करती हूं।